BELLE COLLECTION

D'OBJETS D'ART

ANCIENNES PORCELAINES DE SAXE

MARBRES

ARGENTERIE — ORFÈVRERIE — BIJOUX

Magnifique Service en NICKEL de chez CHRISTOFLE

BELLES TAPISSERIES LOUIS XVI

ÉTOFFES DES XVIᵉ, XVIIᵉ ET XVIIIᵉ SIÈCLES

OBJETS DIVERS

Mᵉ E. BERTHELIN | M. A. BLOCHE
COMMISSAIRE-PRISEUR | EXPERT

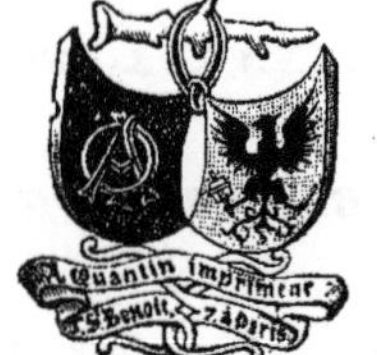

CONDITIONS DE LA VENTE

Elle sera faite au comptant.

Les acquéreurs payeront 5 pour 100 en sus des adjudications, applicables aux frais.

L'Exposition mettant les acquéreurs à même de se rendre compte de l'état et de la nature des objets, il ne sera admis aucune réclamation, une fois l'adjudication prononcée.

CATALOGUE

D'UNE

IMPORTANTE COLLECTION

D'OBJETS D'ART

PORCELAINES ANCIENNES DE SAXE

BUSTES ET STATUES EN MARBRE

ARGENTERIE — ORFEVRERIE — BIJOUX

MAGNIFIQUE SERVICE DE TABLE EN NICKEL

DE LA MAISON CHRISTOFLE

MEUBLES — OBJETS D'AMEUBLEMENT

TABLEAUX — BRONZES

TRÈS BELLES TAPISSERIES ÉPOQUE LOUIS XIV

ÉTOFFES DES XVIᵉ, XVIIᵉ ET XVIIIᵉ SIÈCLES

OBJETS DIVERS

DONT LA VENTE AURA LIEU

HOTEL DROUOT, SALLE Nº 1

Les Jeudi 29, Vendredi 30 et Samedi 31 Décembre 1881

A DEUX HEURES

Mᵉ E. BERTHELIN	**M. A. BLOCHE**
COMMISSAIRE-PRISEUR	EXPERT
29, rue Le Peletier	44, rue Laffitte

EXPOSITION PUBLIQUE

MERCREDI 28 DÉCEMBRE, DE 2 HEURES A 6 HEURES.

DÉSIGNATION

ANCIENNES PORCELAINES DE SAXE

GROUPES ET FIGURINES

1. — Beau Groupe de deux figures, gros enfants, allégorie des Arts.

2. — Joli Groupe de deux enfants, allégorie de la Danse.

3. — Beau Groupe de deux figures représentant un enlèvement.

4. — Beau Groupe représentant une famille chinoise.

5. — Joli Groupe représentant une ménagère assise.

6. — Deux grandes et belles Figurines, bergères à la Watteau.

7. — Groupe de deux Figures, enlèvement.

8. — Joli petit Groupe de trois figures, représentant Vénus
et l'Amour, jouant avec un mouton.

9. — Groupe, petite fille amour enguirlandé de fleurs.

10. — Groupe de trois figures, amours et enfants, allégorie
de la Tentation.

11. — Joli groupe de cinq figures, allégorie des Sens.

12. — Groupe représentant une bergère assise.

13. — Groupe de deux petits enfants, allégorie du Printemps.

14. — Groupe, petite fille, coq, poules et poussins.

15. — Joli Groupe, nymphe et satyre.

16. — Joli Groupe, nymphe et enfant sur une chèvre, allégorie de l'Automne.

17. — Joli petit Groupe de trois enfants, allégorie du Printemps.

18. — Deux petits Groupes, représentant un fleuve.

19. — Belle Figurine représentant une sainte en extase, cos-
tume, auréole et socle, fond blanc à rehauts d'or.

20. — Jolie Figurine, le petit Chinois marchand de poissons.

21. — Deux jolies Figurines, petite bergère et petite bouque-
tière dansant.

22. — Deux Figurines, joueuse de violon et joueuse de cor-
nemuse.

23. — Groupe représentant une Vestale respirant des fleurs.

24. — Deux Figurines, Amours tenant un écusson.

25. — Figurine, le singe aux tambours.

26. — Deux Figurines, violoniste et danseuse à la Watteau.

27. — Deux Figurines, enfants tenant des écussons.

28. — Groupe d'amours faisant une offrande à Vénus.

29. — Belle figurine représentant une Géorgienne joueuse de
vielle.

30. — Jolie figurine, le montreur de lanterne magique.

31. — Deux figurines, les petits Turcs.

32. — Figurine, enfant sur un socle, allégorie de l'Hiver.

33. — Figurine, paysanne portant un panier.

34. — Deux Figurines, les petits Turcs.

35. — Figurine, petite danseuse, allégorie de l'Automne.

36. — Deux Figurines, petites musiciennes.

37. — Figurine, danseuse hongroise.

38. — Figurine, joueuse de vielle.

39. — Figurine représentant une chanteuse.

40. — Petit Groupe, bergère enguirlandée de fleurs et mouton.

41. — Deux Figurines, petit garçon et petite fille tenant leur tablier ouvert et leur chapeau à la main, formant baguiers.

42. — Figurine, petit jardinier formant baguier.

43. — Figurine, petite fille portant un panier de fruits.

44. — Figurine, enfant assis tenant un vase.

45. — Neuf Figurines, petits amours.

46. — Figurine, enfant, allégorie de la Peinture.

47. — Groupe de Frankenthal, petit garçon, chien et chat.

48. — Figurine, joueuse de vielle.

49. — Figurine en vieux Saxe, danseuse.

50. — Beau groupe de trois Figures : la Famille d'Arlequin.

51. — Beau groupe de deux Figures, chiens et moutons : le galant Chasseur.

52. — Groupe de deux Enfants : les Musiciens.

53. — Groupe de trois Figures : Sujet mythologique.

54. — Joli groupe de trois Figures : la Toilette de l'amour.

55. — Joli groupe de deux Figures : le Couple amoureux.

56. — Groupe de deux Figures : le Garde trop entreprenant.

57. — Jolie Figurine ; allégorie de l'Automne, jeune paysan assis sur un coquillage ouvert servant de vide-poche.

58. — Grande Figurine de Berlin : le Chevrier.

59. — Figurine : Jeune Femme dansant, tenant une fleur.

60. — Figurine : la Joueuse de vielle.

61. — Figurine : Enfant à la chèvre.

62. — Deux Figurines : Bouquetières.

63. — Figurine : le Joueur de flûte.

64. — Petit Groupe : Amour sur un dauphin.

65. — Statuette : Enfant tenant des fleurs, posé sur un socle
      à fleurs.

66. — Figurine : Enfant tenant une baguette.

67. — Figurine : Enfant courant avec une sonnette.

68. — Figurine : Porteuse de fleurs.

69. — Statuette : Petite Paysanne.

70. — Cinq Figurines : Petits Amours.

71. — Statuette de Bronenbourg : la Servante.

72. — Statuette de Saxe : l'Amour voyageur.

73. — Groupe de Mayence : Vénus et l'Amour.

74. — Grand Groupe de quatre Figures : l'Enlèvement d'Hélène, en faïence d'Hochst.

75. — Figurine de Vienne : Jeune Femme à l'éventail.

ANIMAUX EN VIEUX SAXE

76. — Très grand et beau Cygne formant coquetière.

77. — Deux Éléphants.

78. — Deux Chiens : Lévrier et Chien de chasse.

79. — Petit Lion.

80. — Chèvre.

81. — Deux petits Moutons.

82. — Groupe de moutons et brebis.

83. — Petit Chat.

84. — Carlin formant flacon.

85. — Cygne.

86. — Grand Mouton.

87. — Renard.

88. — Petite Brebis broutant.

89. — Deux petits Carlins.

90. — Deux petits Moutons couchés.

91. — Faisan, Coq et Cygne.

92. — Paon.

93. — Poule et Poussins formant théière.

94. — Nid d'oiseaux.

BOITES — ÉTUIS — POMMES DE CANNE
EN VIEUX SAXE
OBJETS DE VITRINE, BIJOUX, ARGENTERIE

95. — Belle Boîte rectangulaire décorée dessus d'un médaillon à personnage en armure ; au pourtour, de médaillons allégoriques, aux quatre éléments ; le dessous représente Minerve dans les nuages, et l'intérieur le triomphe de Minerve. Montée à charnières et à griffes, époque Louis XV.

96. — Boîte à mouches, décorée de paysages avec figures en camaïeu violet et d'un sujet de chasse.

97. — Boîte, forme tête de Bull.

98. — Deux Boîtes, forme souris.

99. — Boîte, forme tête de caniche.

100. — Boîte rectangulaire, décorée de scènes à la Watteau, offrant à l'intérieur un buste de femme.

101. — Petite Bonbonnière, décors insectes et fleurs.

102. — Belle Boîte rectangulaire, décorée de deux médaillons à scènes champêtres; monture à charnière et à griffes.

103. — Boîte rectangulaire, décorée de fleurs en relief, offrant à l'intérieur un paysage.

104. — Boîte rectangulaire, décorée de volatiles.

105. — Boîte à deux compartiments, décorée de rocailles en relief et de fleurs en couleurs.

106. — Étui à ciseaux, décors à fleurs et fruits.

107. — Pomme de canne, décors à fleurs en violet.

108. — Grande Boîte rectangulaire en émail de Saxe, avec enfant sur le couvercle, dessous une scène champêtre à la Watteau, à l'intérieur décorée d'insectes.

109. — Nécessaire garni de ses ustensiles, étui en émail de Saxe, décoré de médaillons à petits personna es et fleurs, encadrement à rehauts d'or.

110. — Pomme de canne formant bonbonnière, en émail de Saxe, fond violet, médaillons à paysage en camaïeu.

111. — Étui en argent doré, guilloché et ciselé, époque Louis XV.

112. — Bonbonnière à charnières en argent.

113. — Boîte en nacre gravée, ornée de petits émaux peints, monture en argent, époque Louis XVI.

114. — Petite Boîte ovale en or guilloché, ciselé, époque Louis XVI.

115. — Petite Cafetière en argent repoussé et ciselé, époque Louis XVI.

116. — Cafetière mignonnette en argent repoussé et ciselé, époque Louis XVI.

117. — Porte-tasse en argent, époque Louis XV.

118. — Petite Boîte en argent repoussé, époque Louis XV.

119. — Étui, décors à fleurs.

120. — Deux petits vases forme rocaille, ornés d'anses à
tête de bélier.

121. — Flacon forme rocaille, décoré de paysages et de
marines.

122. — Bonbonnière fond violet, garniture dorée.

123. — Belle Pomme d'ombrelle forme sirène, étui en émail
de Saxe, fond rouge, médaillons à paysage.

124. — Étui en émail de Saxe, fond bleu, médaillons à
paysage.

125. — Deux couteaux manches en porcelaine, décors
scènes champêtres.

126. — Bonbonnière en écaille, avec dessus en bas-relief,
offrande à l'Amour, époque Louis XVI.

127. — Plaque ovale, sujet champêtre, le printemps de
la vie.

128. — Pomme de canne, fond quadrillé vert, sujet Watteau.

129. — Pince à bonbons en argent, forme Arlequin.

130. — Petit étui en or, époque Louis XVI.

131. — Deux couteaux, manches en pâte tendre, décorés de fleurs.

132. — Couteau et fourchette, manches en bois sculpté à figures.

133. — Cadre en argent repoussé, forme à rocailles et fleurs, appliqué sur un cadre en velours rouge.

134. — Cuillère en argent repoussé, Louis XV.

135. — Petit verre à liqueur opaque, décors à fleurs.

136. — Deux verres rehaussés d'or.

137. — Deux petites cuillers décors bleus.

PIÈCES DE FORME

138. — Paire de beaux Flambeaux en vieux Saxe, décorés de
rocailles et de fleurs en relief.

139. — Beau service en vieux Saxe, décors d'après Bérain,
à petits personnages et à armoiries, le tout rehaussé d'or, composé d'une cafetière, une
théière, un pot à crème, un sucrier, un grand bol,
une boîte à thé, deux tasses à café et deux tasses
à thé.

140. — Jolie écuelle en vieux Saxe, avec couvercle et plateau,
décors chinois et médaillons sujets marine, le tout
rehaussé d'or.

141. — Beau Tête-à-tête forme chou rouge, en vieux Saxe,
composé de deux tasses avec soucoupes et cuillers, théière, plateau et sucrier.

142. — Belle Chocolatière en vieux Saxe, décorée de médaillons, port de mer, encadrement à rehauts
d'or.

143. — Chocolatière en vieux Saxe, fond violet, médaillons
à sujets maritimes et rehaussés d'or.

144. — Pot à crème en vieux Saxe, fond vert clair, médaillons à petits personnages, encadrement à rehauts d'or.

145. — Beau Service en vieux Saxe, décors à scènes pastorales, composé d'une cafetière, un pot à crème, deux sucriers, un grand bol, une boîte à thé, six tasses et leurs soucoupes.

146. — Bonbonnière en vieux Saxe, décors au chinois d'après Bérain, et médaillons à sujets maritimes, le tout rehaussé d'or.

147. — Petite Écuelle en vieux Saxe, décorée de médaillons à petits personnages, sujets chinois.

148. — Écuelle en vieux Saxe, décoré de sujets enfantins et de fleurs en relief.

149. — Belle Tasse à deux anses avec soucoupe en vieux Saxe, fond blanc à sujets chinois, à rehauts d'or.

150. — Tasse et Soucoupe en vieux Saxe, sujet amour et guirlande de fleurs, encadrement à écailles de poisson, fond violet.

151. — Tasse et Soucoupe en vieux Saxe, décors scènes
     pastorales.

152. — Tasse et Soucoupe en vieux Saxe, décors combat de
     cavaliers en camaïeu violet.

153. — Tasse et Soucoupe en Ludwigburg, décors sujets my-
     thologiques en camaïeu violet.

154. — Belle Tasse à deux anses avec Soucoupe en vieux
     Saxe, décors fond violet et médaillons port de
     mer.

155. — Tasse et Soucoupe en vieux Saxe, décors sujets cham-
     pêtres d'après Téniers.

156. — Tasse et Soucoupe en vieux Save, fond jaune, mé-
     daillons à fleurs.

157. — Bol et Soucoupe en vieux Venise, décors à person-
     nages, d'après Bérain.

158. — Tasse et Soucoupe en vieux Saxe, fond bleu et médail-
     lons à oiseaux avec encadrement rehaussé d'or.

159. — Tasse et Soucoupe en vieux Saxe, bordure violette à
     carrelage et rocailles, décors oiseaux.

160. — Beau Bol et Soucoupe en vieux Saxe, décors à petits
personnages, sujet champêtre.

161. — Belle Tasse avec Soucoupe en vieux Saxe, décorées de
médaillons à sujets allégoriques, encadrés de
rocailles, bordure rehaussée d'or.

162. — Belle Tasse avec Soucoupe en vieux Saxe, fond blanc
gaufré et médaillons à scènes champêtres en
camaïeu violet.

163. — Tasse et Soucoupe en vieux Saxe, fond jaune, décors
oiseaux.

164. — Bol et Soucoupe en vieux Chine, décorée de scènes
familières, rehaussées d'or.

165. — Tasse et Soucoupe, forme lobée en vieux Saxe,
décors oiseaux.

166. — Jolie Tasse avec Soucoupe en vieux Saxe, forme lobée,
décors d'après Watteau, bordure dorée.

167. — Deux Tasses avec Soucoupes en vieux Saxe, décorées
de scènes guerrières et de guirlandes de fleurs.

168. — Deux Tasses avec Soucoupes en vieux Saxe gaufré,
décorées de médaillons à fleurs et oiseaux.

169. — Tasse et Soucoupe en vieux Saxe, décors à fleurs, bordure à écailles de poisson, fond bleu.

170. — Tasse et Soucoupe en vieux Saxe, décorées de médaillons à sujets Téniers.

171. — Tasse et Soucoupe en vieux Saxe, décorées de sujets de l'école italienne.

172. — Tasse et Soucoupe en vieux Saxe, fond d'or, à fleurs.

173. — Tasse et Soucoupe en vieux Saxe, sujets Watteau en camaïeu violet, bordure à carrelage vert rehaussée d'or.

174. — Tasse et Soucoupe en vieux Saxe, médaillons sujets chinois d'après Bérain, encadrement rehaussé d'or.

175. — Tasse trembleuse avec soucoupe forme lobée, décors à scènes champêtres et fleurs.

176. — Deux Tasses et Soucoupes en vieux Saxe, fond vert et fond violet, médaillons à fleurs.

177. — Jolie Tasse et Soucoupe en vieux Saxe, décorées de scènes de la comédie italienne, encadrements à rocailles, rehaussées d'or.

178. — Tasse et Soucoupe de forme lobée en vieux Saxe fond violet, médaillons à paysages avec figures.

179. — Tasse et Soucoupe en vieux Saxe, fond gros bleu, médaillons à fleurs.

180. — Petite Tasse avec Soucoupe en vieux Sèvres, décorées d'oiseaux du Brésil, bordure fond gros bleu rehaussé d'or.

181. — Tasse et Soucoupe en vieux Saxe, fond blanc gaufré à fleurs et insectes, anse forme cariatide.

182. — Écuelle avec couvercle et plateau en vieux Saxe, fond vert, médaillons à fleurs.

183. — Pot à crème en vieux Saxe, décors au siamois d'après Bérain.

184. — Écuelle en vieux Saxe, fond blanc gaufré et médaillons à petits personnages.

185. — Sucrier en vieux Saxe, décoré de scènes de la comédie italienne en camaïeu violet, bordure fond vert rehaussée d'or.

186. — Sucrier en vieux Saxe, décors fruits et écailles de poisson.

187. — Dessus de brosse, décors à jour et petits personnages.

188. — Petit Pot à pommade, petit Socle rond, petite Pyraramide, Encrier, Poudrière, Cuiller, décors à fleurs.

Sera divisé.

189. — Figurine et Salière de Venise.

190. — Plateau ovale en vieux Saxe, décors oiseaux.

191. — Assiette en vieux Saxe, décors et guirlandes de fleurs et personnages sous un bosquet.

192. — Assiette en vieux Saxe, décor scène champêtre, en camaïeu vert, bordure à écaille de poisson, fond violet.

193. — Belle Assiette en vieux Saxe, décors feuilles de chou, offrant au centre un oiseau et des fleurs, bordure fond violet, le tout rehaussé d'or.

194. — Assiette en vieux Saxe. décors à guirlandes de fleurs, carrelage fond vert, coquilles d'oiseaux.

195. — Jolie Assiette en vieux Saxe, fond blanc, décors à fleurs partie en relief avec armoiries.

196. — Assiette en vieux Saxe côtelé, décors violets à guirlandes de fleurs et scène militaire.

197. — Plateau forme feuille en vieux Saxe, décors oiseaux.

198 — Plateau forme rocaille, décors à personnages en
camaïeu violet.

199. — Assiette en vieux Saxe, bordure à jour, décors au
tigre.

200. — Assiette en Frankenthal, décors à fleurs, oiseaux et
médaillon paysage.

201. — Assiette et trois Soucoupes en vieux Chine, décors
variés.

202. — Soucoupe de Saxe, décors personnages.

203. — Deux Bannettes en faïence de Marseille, décors à
fleurs.

204. — Plat creux en faïence de Moustiers, décors grotesques.

205. — Coquille en faïence de Marseille, décors à fleurs.

TAPISSERIES

206. — Magnifique série de *Six Tapisseries, époque Louis XIV*,
sujets de petits personnages dans des paysages
avec très riches bordures de fleurs.
B.l état de conservation.

ÉTOFFES

207. — Magnifiques Bandeaux en broderie de la Renaissance
sur fonds de velours et de satin.
Sera divisé.

208. — Suite de très belles Bandes en broderie des xve, xvi^e
et xviie siècles.
Sera divisé.

209. — Soieries, Broderies Louis XIV, Louis XV et
Louis XVI.

PORCELAINES DE CHINE, DU JAPON
ET AUTRES

210. — Deux Soupières octogones avec leurs plateaux et
leurs couvercles en vieux Chine.

211. — Grand Plat ovale de Saxe.

212. — Grand Plat rond en vieux Japon.

213. — Grand Plat rond en vieux Japon.

214. — Service en vieux Saxe composé d'une théière, cafetière, sucrier, boîte à thé, douze tasses et soucoupes.

215. — Six Bols côtelés avec leurs soucoupes en vieux
Japon.

216. — Six Tasses avec leurs soucoupes en vieux Chine.

217. — Tête-à-tête de Sèvres, décor fond bleu turquoise,
médaillons, sujets Watteau.

218. — Deux Plats creux en vieux Japon.

219. — Grand Plat rond à côtes, de Saxe.

220. — Plat octogone en vieux Chine.

221. — Plat rond en vieux Japon, décor partie en relief.

222. — Deux Statuettes en vieux Berlin.

223. — Deux Statuettes en vieux Berlin.

224. — Groupe en biscuit de Sèvres.

225. — Statuette Bergère, en vieux Saxe.

226. — Coupe en vieux Japon, monture en bronze Louis XV.

227. — Deux grands Cornets en vieux Japon, monture en bronze Louis XVI.

228. — Deux Tasses en vieux Saxe.

229. — Deux Vases de Chine montés en candélabres.

230. — Cornet en faïence de Nevers, monture en étain.

231. — Deux Plats en vieux Chine.

232. — Deux Vases de Chine, fond jaune, décor à reliefs.

233. — Deux Vases de Chine, fond craquelé.

234. — Deux autres, fond céladon, décor à fleurs.

235. — Vase de Chine, fond gris craquelé.

236. — Vase, fond jaune, décoré de grues.

237. — Vase de Chine, forme carrée, décor en reliefs.

238. — Garniture en émail de la Chine, fond rose, composée
       d'un brûle-parfums et deux vases.

MARBRES

239. — Le Sommeil de l'Innocence. Statuette par Braga.

240. — Le Boudeur . . . . Statue par Trombetta.

241. — Bacchus . . . . Statue par Rossi.

242. — Le Séminariste . . . . Statue par Rossi.

243. — Premier Fruit . . . . Statue par Rossi.

244. — Foi voilée . . . . Buste par Radius.

245. — *Ecce Homo* . . . . Buste par Radius.

246. — *Mater Dolorosa* . . . . Buste par Radius.

247. — La Gaieté . . . .
248. — Le Plaisir. . . . . } Bustes par Bussi.

249. — La Lucie . . . . Buste par Rossi.

250. — Bacchante . . . . Statuette par Rossi.

251. — L'Innocence. . . . . Buste par Pessina.

252. — Deux Gaines en marbre.

253. — Paire de Colonnettes.

254. — Paire de Gaines, marbre blanc avec bronzes.

255. — Paire de Colonnettes, marbre noir.

256. — Paire de Gaines en marbre blanc, avec appliques.

TERRES CUITES

257. — La Chanteuse. . . . . Buste par Ramazzotti
Serafino.

258. — Innocence .... Buste par le même.

259. — L'Attente............. Statuette par le même.

260. — En Promenade......... Statuette par le même.

OBJETS D'AMEUBLEMENT

261. — Beau Meuble de salon en tapisserie d'Aubusson à
petits personnages, bois de palissandre sculpté et
ciré, style Louis XVI, composé d'un canapé,
quatre fauteuils, deux bergères et une chauffeuse.

262. — Grande et belle Table de salon, à dessus de marbre,
sur pieds forme chapiteaux en bronze ciselé et fleur-
deiisé, offrant au centre une coupe soutenue par
trois femmes et ornée d'une frise représentant le
triomphe de Bacchus (provenant de la duchesse de
Berry).

263. — Meuble en laque burgauté.

264. — Lustre en bronze Louis XVI.

265. — Garniture de cheminée en porcelaine de Tournay et
bronze doré.

266. — Secrétaire en marqueterie, style de Boule.

267. — Pendule religieuse en bronze ciselé, époque Louis XVI.

268. — Deux bougeoirs tripodes en bronze doré, Louis XVI.

269. — Porte-bouquet en bronze, représentant une plante
aquatique.

270. — Coupe indienne en cuivre ciselé.

271. — Cartel en bronze doré, orné de branches de laurier,
époque Louis XVI.

272. — Petit Paravent à huit feuilles en satin brodé,
Louis XVI.

273. — Pendule d'applique avec son socle-console en marqueterie Louis XV.

274. — Console en bois sculpté, à dessus de marbre
Louis XV.

275. — Console en bois sculpté, à dessus de marbre. Louis XVI.

276. — Deux Bahuts en bois noir, ornés de bas-reliefs et de montants en bronze doré.

277. — Belle Garniture de cheminée en bronze doré composée d'une pendule et deux candélabres.

278. — Chenets, pelle et pincettes en bronze doré.

279. — Deux Flambeaux en bronze doré.

280. — Table en bois doré et mosaïque.

281. — Crédence en bois sculpté.

282. — Harpe en palissandre.

283. — Quatre rideaux en brocatelle.

284. — Quatre chasubles anciennes.

285. — Lot d'étoffes anciennes.

ORFÈVRERIE

286. — Très importants Services et surtout de Table, en **Nickel ciselé** et **argenté,** exécutés sur commande par la maison Christofle, et ayant figuré à l'Exposition universelle de 1878. Ils se composent de :

Une grande Pièce de milieu avec groupes et figures.

Une paire de Candélabres.

Deux Coupes à fruits.

Quatre Compotiers.

Quatre Pieds à assiettes.

Deux Seaux à glace à côtes et écusson.

Une Théière à côtes, fond ciselé.

Une Cafetière.

Un Sucrier.

Un Pot à crème.

Une Bouilloire.

Un Bol à thé.

Un Plateau carré.

Quatre Plats ronds.

Quatre Plats ronds.

Deux Plats ovales.

Deux Plats ovales.

Un Plat à poisson.

Deux Casseroles à côtes.

Deux Double-Fond.

Douze Plateaux à carafes.

Douze Croisillons.
Une Ménagère.
Six Salières doubles.
Vingt-quatre Cuillers.
Quarante-huit Fourchettes.
Quarante-huit Couteaux.
Dix-huit Couteaux à dessert, lames acier.
Dix-huit Couteaux à dessert, lames argentées.
Dix-huit Couteaux à dessert.
Vingt-quatre Cuillers à café.
Une Louche.
Deux Cuillers à sauce.
Quatre Cuillers à compote.
Deux Cuillers à sucre.
Une Pince.
Un Service à poisson.
Un Service à dépecer.
Un Service à salade.
Un Service à hors-d'œuvre.
Une Cuiller à moutarde.
Douze Pelles à sel.
Une Pelle à tarte.
Une Pelle à glace.
Deux Casse-Noix.
Deux paires Ciseaux vigne.
Boîtes et Caisses contenant lesdits Objets.

BIJOUX

287. — Bracelet en or avec applique, forme fleur, en brillants, se démontant, pour être mise dans les cheveux.

288. — Belle Montre en or, émaillée gros bleu, avec entourage en perle, époque Louis XVI.

289. — Bracelets, Broches, Boucles d'oreilles, enrichies de brillants.
Sera divisé.

OBJETS DE CURIOSITÉ

290. — Deux petits Chandeliers émail.

291. — Tryptique russe.

292. — Trois Éventails, monture ivoire, à dessins, scènes champêtres et pastorales.

293. — Montre en cuivre émaillé.

294. — Autre Montre de Genève en cuivre émaillé, à figures.

295. — Reliquaire monté en argent, avec miniatures.

296. — Pièce en argent repoussé et ajouré.

297. — Joli Plat en argent repoussé, sujets de fleurs.

298. — Joli Chasse en émail byzantin.

299. — Bas-Relief en ivoire sculpté.

300. — Joli Groupe de deux saints en jais.

301. — Taureau en bronze..

302. — Statuette du xve siècle en vieil ivoire sculpté.

303. — Reliquaire en argent repoussé.

304. — Ciboire en cuivre émaillé, époque du xvie siècle.

305. — Pied en fer forgé.

306. — Bas-Relief en fer repoussé.

307. — Deux fragments de Grille en fer forgé.

308. — Quatre Boiseries sculptées et dorées.

309. — Grande et belle Pendule, ornée de bronzes ciselés, style Louis XVI.

Hauteur, 1^m,50.

310. — Peinture sur panneau.

311. — Panneau gothique.

312. — Panneau avec fronton brodé or, sur velours.

313. — Couvre-Lit.

314. — Objets omis au catalogue.

TABLEAUX

CHAIGNEAU (Ferdinand)

315. — La plaine; soleil couchant.

CHAIGNEAU (Ferdinand)

316. — Moutons dans les bruyères; aquarelle.

DESPORTES

317. — La Chasse au sanglier.

318. — La Chasse au chevreuil.

GIBBON

319. — La Bergerie.

320. — L'Abreuvoir.

MANZONI

321. — Soir d'hiver en Bretagne.

TCHOUMAKOFF

322. — Jeune Femme.

323. — Tête de Jeune Fille.

PARIS. — Impr. J. CLAYE. — A. QUANTIN et Cie, rue St-Benoît [2076]

www.ingramcontent.com/pod-product-compliance
Ingram Content Group UK Ltd.
Pitfield, Milton Keynes, MK11 3LW, UK
UKHW031736170726
13836UKWH00002B/688